This password Book Belongs to...

....

....

....

....

password Log 🗝️

WEBSITE / EMAIL :

USER NAME :

PASSWORD :

NOTES

WEBSITE / EMAIL :

USER NAME :

PASSWORD :

NOTES

WEBSITE / EMAIL :

USER NAME :

PASSWORD :

NOTES

password Log

WEBSITE / EMAIL :

USER NAME :

PASSWORD :

NOTES

WEBSITE / EMAIL :

USER NAME :

PASSWORD :

NOTES

WEBSITE / EMAIL :

USER NAME :

PASSWORD :

NOTES

Password Log

WEBSITE / EMAIL :

USER NAME :

PASSWORD :

———————————— NOTES ————————————

WEBSITE / EMAIL :

USER NAME :

PASSWORD :

———————————— NOTES ————————————

WEBSITE / EMAIL :

USER NAME :

PASSWORD :

———————————— NOTES ————————————

Password Log

WEBSITE / EMAIL :

USER NAME :

PASSWORD :

NOTES

WEBSITE / EMAIL :

USER NAME :

PASSWORD :

NOTES

WEBSITE / EMAIL :

USER NAME :

PASSWORD :

NOTES

Password Log

WEBSITE / EMAIL :

USER NAME :

PASSWORD :

NOTES

WEBSITE / EMAIL :

USER NAME :

PASSWORD :

NOTES

WEBSITE / EMAIL :

USER NAME :

PASSWORD :

NOTES

Password Log

WEBSITE / EMAIL :

USER NAME :

PASSWORD :

NOTES

WEBSITE / EMAIL :

USER NAME :

PASSWORD :

NOTES

WEBSITE / EMAIL :

USER NAME :

PASSWORD :

NOTES

Password Log

WEBSITE / EMAIL :

USER NAME :

PASSWORD :

NOTES

WEBSITE / EMAIL :

USER NAME :

PASSWORD :

NOTES

WEBSITE / EMAIL :

USER NAME :

PASSWORD :

NOTES

Password Log

WEBSITE / EMAIL :

USER NAME :

PASSWORD :

_____ NOTES _____

WEBSITE / EMAIL :

USER NAME :

PASSWORD :

_____ NOTES _____

WEBSITE / EMAIL :

USER NAME :

PASSWORD :

_____ NOTES _____

Password Log

WEBSITE / EMAIL :

USER NAME :

PASSWORD :

NOTES

WEBSITE / EMAIL :

USER NAME :

PASSWORD :

NOTES

WEBSITE / EMAIL :

USER NAME :

PASSWORD :

NOTES

Password Log

WEBSITE / EMAIL :

USER NAME :

PASSWORD :

NOTES

WEBSITE / EMAIL :

USER NAME :

PASSWORD :

NOTES

WEBSITE / EMAIL :

USER NAME :

PASSWORD :

NOTES

Password Log

WEBSITE / EMAIL :

USER NAME :

PASSWORD :

NOTES

WEBSITE / EMAIL :

USER NAME :

PASSWORD :

NOTES

WEBSITE / EMAIL :

USER NAME :

PASSWORD :

NOTES

Password Log

WEBSITE / EMAIL :

USER NAME :

PASSWORD :

NOTES

WEBSITE / EMAIL :

USER NAME :

PASSWORD :

NOTES

WEBSITE / EMAIL :

USER NAME :

PASSWORD :

NOTES

Password Log

WEBSITE / EMAIL :

USER NAME :

PASSWORD :

NOTES

WEBSITE / EMAIL :

USER NAME :

PASSWORD :

NOTES

WEBSITE / EMAIL :

USER NAME :

PASSWORD :

NOTES

Password Log

WEBSITE / EMAIL :

USER NAME :

PASSWORD :

—————————————— NOTES ——————————————

WEBSITE / EMAIL :

USER NAME :

PASSWORD :

—————————————— NOTES ——————————————

WEBSITE / EMAIL :

USER NAME :

PASSWORD :

—————————————— NOTES ——————————————

Password Log

WEBSITE / EMAIL :

USER NAME :

PASSWORD :

NOTES

WEBSITE / EMAIL :

USER NAME :

PASSWORD :

NOTES

WEBSITE / EMAIL :

USER NAME :

PASSWORD :

NOTES

Password Log

WEBSITE / EMAIL :

USER NAME :

PASSWORD :

NOTES

WEBSITE / EMAIL :

USER NAME :

PASSWORD :

NOTES

WEBSITE / EMAIL :

USER NAME :

PASSWORD :

NOTES

Password Log

WEBSITE / EMAIL :

USER NAME :

PASSWORD :

NOTES

WEBSITE / EMAIL :

USER NAME :

PASSWORD :

NOTES

WEBSITE / EMAIL :

USER NAME :

PASSWORD :

NOTES

Password Log

WEBSITE / EMAIL :

USER NAME :

PASSWORD :

NOTES

WEBSITE / EMAIL :

USER NAME :

PASSWORD :

NOTES

WEBSITE / EMAIL :

USER NAME :

PASSWORD :

NOTES

password log

WEBSITE / EMAIL :

USER NAME :

PASSWORD :

_____ NOTES _____

WEBSITE / EMAIL :

USER NAME :

PASSWORD :

_____ NOTES _____

WEBSITE / EMAIL :

USER NAME :

PASSWORD :

_____ NOTES _____

Password Log

WEBSITE / EMAIL :

USER NAME :

PASSWORD :

_____ NOTES _____

WEBSITE / EMAIL :

USER NAME :

PASSWORD :

_____ NOTES _____

WEBSITE / EMAIL :

USER NAME :

PASSWORD :

_____ NOTES _____

password Log

WEBSITE / EMAIL :

USER NAME :

PASSWORD :

NOTES

WEBSITE / EMAIL :

USER NAME :

PASSWORD :

NOTES

WEBSITE / EMAIL :

USER NAME :

PASSWORD :

NOTES

Password Log

WEBSITE / EMAIL :

USER NAME :

PASSWORD :

NOTES

WEBSITE / EMAIL :

USER NAME :

PASSWORD :

NOTES

WEBSITE / EMAIL :

USER NAME :

PASSWORD :

NOTES

Password Log

WEBSITE / EMAIL :

USER NAME :

PASSWORD :

NOTES

WEBSITE / EMAIL :

USER NAME :

PASSWORD :

NOTES

WEBSITE / EMAIL :

USER NAME :

PASSWORD :

NOTES

password Log

WEBSITE / EMAIL　:

USER NAME　　　:

PASSWORD　　　:

NOTES

WEBSITE / EMAIL　:

USER NAME　　　:

PASSWORD　　　:

NOTES

WEBSITE / EMAIL　:

USER NAME　　　:

PASSWORD　　　:

NOTES

Password Log

WEBSITE / EMAIL :

USER NAME :

PASSWORD :

————————————— NOTES —————————————

WEBSITE / EMAIL :

USER NAME :

PASSWORD :

————————————— NOTES —————————————

WEBSITE / EMAIL :

USER NAME :

PASSWORD :

————————————— NOTES —————————————

Password Log

WEBSITE / EMAIL :

USER NAME :

PASSWORD :

NOTES

WEBSITE / EMAIL :

USER NAME :

PASSWORD :

NOTES

WEBSITE / EMAIL :

USER NAME :

PASSWORD :

NOTES

password Log

WEBSITE / EMAIL :

USER NAME :

PASSWORD :

NOTES

WEBSITE / EMAIL :

USER NAME :

PASSWORD :

NOTES

WEBSITE / EMAIL :

USER NAME :

PASSWORD :

NOTES

password Log

WEBSITE / EMAIL :

USER NAME :

PASSWORD :

NOTES

WEBSITE / EMAIL :

USER NAME :

PASSWORD :

NOTES

WEBSITE / EMAIL :

USER NAME :

PASSWORD :

NOTES

Password Log

WEBSITE / EMAIL   :

USER NAME   :

PASSWORD   :

_____ NOTES _____

WEBSITE / EMAIL   :

USER NAME   :

PASSWORD   :

_____ NOTES _____

WEBSITE / EMAIL   :

USER NAME   :

PASSWORD   :

_____ NOTES _____

Password Log

WEBSITE / EMAIL :

USER NAME :

PASSWORD :

NOTES

WEBSITE / EMAIL :

USER NAME :

PASSWORD :

NOTES

WEBSITE / EMAIL :

USER NAME :

PASSWORD :

NOTES

Password Log

WEBSITE / EMAIL :

USER NAME :

PASSWORD :

NOTES

WEBSITE / EMAIL :

USER NAME :

PASSWORD :

NOTES

WEBSITE / EMAIL :

USER NAME :

PASSWORD :

NOTES

Password Log

WEBSITE / EMAIL :

USER NAME :

PASSWORD :

NOTES

WEBSITE / EMAIL :

USER NAME :

PASSWORD :

NOTES

WEBSITE / EMAIL :

USER NAME :

PASSWORD :

NOTES

Password Log

WEBSITE / EMAIL :

USER NAME :

PASSWORD :

———————————— NOTES ————————————

WEBSITE / EMAIL :

USER NAME :

PASSWORD :

———————————— NOTES ————————————

WEBSITE / EMAIL :

USER NAME :

PASSWORD :

———————————— NOTES ————————————

password Log

WEBSITE / EMAIL :

USER NAME :

PASSWORD :

NOTES

WEBSITE / EMAIL :

USER NAME :

PASSWORD :

NOTES

WEBSITE / EMAIL :

USER NAME :

PASSWORD :

NOTES

password Log

WEBSITE / EMAIL :

USER NAME :

PASSWORD :

NOTES

WEBSITE / EMAIL :

USER NAME :

PASSWORD :

NOTES

WEBSITE / EMAIL :

USER NAME :

PASSWORD :

NOTES

Password Log

WEBSITE / EMAIL   :

USER NAME   :

PASSWORD   :

———————————— NOTES ————————————

WEBSITE / EMAIL   :

USER NAME   :

PASSWORD   :

———————————— NOTES ————————————

WEBSITE / EMAIL   :

USER NAME   :

PASSWORD   :

———————————— NOTES ————————————

Password Log

WEBSITE / EMAIL   :

USER NAME   :

PASSWORD   :

───────────────── NOTES ─────────────────

WEBSITE / EMAIL   :

USER NAME   :

PASSWORD   :

───────────────── NOTES ─────────────────

WEBSITE / EMAIL   :

USER NAME   :

PASSWORD   :

───────────────── NOTES ─────────────────

password Log

WEBSITE / EMAIL :

USER NAME :

PASSWORD :

NOTES

WEBSITE / EMAIL :

USER NAME :

PASSWORD :

NOTES

WEBSITE / EMAIL :

USER NAME :

PASSWORD :

NOTES

Password Log

WEBSITE / EMAIL :

USER NAME :

PASSWORD :

NOTES

WEBSITE / EMAIL :

USER NAME :

PASSWORD :

NOTES

WEBSITE / EMAIL :

USER NAME :

PASSWORD :

NOTES

Password Log

WEBSITE / EMAIL :

USER NAME :

PASSWORD :

NOTES

WEBSITE / EMAIL :

USER NAME :

PASSWORD :

NOTES

WEBSITE / EMAIL :

USER NAME :

PASSWORD :

NOTES

Password Log

WEBSITE / EMAIL :

USER NAME :

PASSWORD :

NOTES

WEBSITE / EMAIL :

USER NAME :

PASSWORD :

NOTES

WEBSITE / EMAIL :

USER NAME :

PASSWORD :

NOTES

Password Log

WEBSITE / EMAIL :

USER NAME :

PASSWORD :

NOTES

WEBSITE / EMAIL :

USER NAME :

PASSWORD :

NOTES

WEBSITE / EMAIL :

USER NAME :

PASSWORD :

NOTES

Password Log

WEBSITE / EMAIL :

USER NAME :

PASSWORD :

_____ NOTES _____

WEBSITE / EMAIL :

USER NAME :

PASSWORD :

_____ NOTES _____

WEBSITE / EMAIL :

USER NAME :

PASSWORD :

_____ NOTES _____

Password Log

WEBSITE / EMAIL :

USER NAME :

PASSWORD :

———————————— NOTES ————————————

WEBSITE / EMAIL :

USER NAME :

PASSWORD :

———————————— NOTES ————————————

WEBSITE / EMAIL :

USER NAME :

PASSWORD :

———————————— NOTES ————————————

Password Log

WEBSITE / EMAIL :

USER NAME :

PASSWORD :

NOTES

WEBSITE / EMAIL :

USER NAME :

PASSWORD :

NOTES

WEBSITE / EMAIL :

USER NAME :

PASSWORD :

NOTES

Password Log ⚷⚷

WEBSITE / EMAIL :

USER NAME :

PASSWORD :

NOTES

WEBSITE / EMAIL :

USER NAME :

PASSWORD :

NOTES

WEBSITE / EMAIL :

USER NAME :

PASSWORD :

NOTES

Password Log

WEBSITE / EMAIL   :

USER NAME   :

PASSWORD   :

_____ NOTES _____

WEBSITE / EMAIL   :

USER NAME   :

PASSWORD   :

_____ NOTES _____

WEBSITE / EMAIL   :

USER NAME   :

PASSWORD   :

_____ NOTES _____

Password Log

WEBSITE / EMAIL :

USER NAME :

PASSWORD :

NOTES

WEBSITE / EMAIL :

USER NAME :

PASSWORD :

NOTES

WEBSITE / EMAIL :

USER NAME :

PASSWORD :

NOTES

Password Log

WEBSITE / EMAIL :

USER NAME :

PASSWORD :

NOTES

WEBSITE / EMAIL :

USER NAME :

PASSWORD :

NOTES

WEBSITE / EMAIL :

USER NAME :

PASSWORD :

NOTES

Password Log

WEBSITE / EMAIL :

USER NAME :

PASSWORD :

NOTES

WEBSITE / EMAIL :

USER NAME :

PASSWORD :

NOTES

WEBSITE / EMAIL :

USER NAME :

PASSWORD :

NOTES

Password Log

WEBSITE / EMAIL   :

USER NAME   :

PASSWORD   :

NOTES

WEBSITE / EMAIL   :

USER NAME   :

PASSWORD   :

NOTES

WEBSITE / EMAIL   :

USER NAME   :

PASSWORD   :

NOTES

password Log

WEBSITE / EMAIL :

USER NAME :

PASSWORD :

NOTES

WEBSITE / EMAIL :

USER NAME :

PASSWORD :

NOTES

WEBSITE / EMAIL :

USER NAME :

PASSWORD :

NOTES

Password Log

WEBSITE / EMAIL :

USER NAME :

PASSWORD :

————————— NOTES —————————

WEBSITE / EMAIL :

USER NAME :

PASSWORD :

————————— NOTES —————————

WEBSITE / EMAIL :

USER NAME :

PASSWORD :

————————— NOTES —————————

Password Log

WEBSITE / EMAIL　　:

USER NAME　　　　:

PASSWORD　　　　:

NOTES

WEBSITE / EMAIL　　:

USER NAME　　　　:

PASSWORD　　　　:

NOTES

WEBSITE / EMAIL　　:

USER NAME　　　　:

PASSWORD　　　　:

NOTES

Password Log

WEBSITE / EMAIL :

USER NAME :

PASSWORD :

NOTES

WEBSITE / EMAIL :

USER NAME :

PASSWORD :

NOTES

WEBSITE / EMAIL :

USER NAME :

PASSWORD :

NOTES

Password Log

WEBSITE / EMAIL :

USER NAME :

PASSWORD :

NOTES

WEBSITE / EMAIL :

USER NAME :

PASSWORD :

NOTES

WEBSITE / EMAIL :

USER NAME :

PASSWORD :

NOTES

Password Log

WEBSITE / EMAIL :

USER NAME :

PASSWORD :

NOTES

WEBSITE / EMAIL :

USER NAME :

PASSWORD :

NOTES

WEBSITE / EMAIL :

USER NAME :

PASSWORD :

NOTES

Password Log

WEBSITE / EMAIL :

USER NAME :

PASSWORD :

NOTES

WEBSITE / EMAIL :

USER NAME :

PASSWORD :

NOTES

WEBSITE / EMAIL :

USER NAME :

PASSWORD :

NOTES

Password Log

WEBSITE / EMAIL   :

USER NAME   :

PASSWORD   :

NOTES

WEBSITE / EMAIL   :

USER NAME   :

PASSWORD   :

NOTES

WEBSITE / EMAIL   :

USER NAME   :

PASSWORD   :

NOTES

Password Log

WEBSITE / EMAIL   :

USER NAME   :

PASSWORD   :

NOTES

WEBSITE / EMAIL   :

USER NAME   :

PASSWORD   :

NOTES

WEBSITE / EMAIL   :

USER NAME   :

PASSWORD   :

NOTES

Password Log

WEBSITE / EMAIL :

USER NAME :

PASSWORD :

_____ NOTES _____

WEBSITE / EMAIL :

USER NAME :

PASSWORD :

_____ NOTES _____

WEBSITE / EMAIL :

USER NAME :

PASSWORD :

_____ NOTES _____

Password Log

WEBSITE / EMAIL :

USER NAME :

PASSWORD :

NOTES

WEBSITE / EMAIL :

USER NAME :

PASSWORD :

NOTES

WEBSITE / EMAIL :

USER NAME :

PASSWORD :

NOTES

password Log

WEBSITE / EMAIL :

USER NAME :

PASSWORD :

NOTES

WEBSITE / EMAIL :

USER NAME :

PASSWORD :

NOTES

WEBSITE / EMAIL :

USER NAME :

PASSWORD :

NOTES

Password Log

WEBSITE / EMAIL :

USER NAME :

PASSWORD :

NOTES

WEBSITE / EMAIL :

USER NAME :

PASSWORD :

NOTES

WEBSITE / EMAIL :

USER NAME :

PASSWORD :

NOTES

Password Log

WEBSITE / EMAIL :

USER NAME :

PASSWORD :

NOTES

WEBSITE / EMAIL :

USER NAME :

PASSWORD :

NOTES

WEBSITE / EMAIL :

USER NAME :

PASSWORD :

NOTES

Password Log

WEBSITE / EMAIL :

USER NAME :

PASSWORD :

—————————— NOTES ——————————

WEBSITE / EMAIL :

USER NAME :

PASSWORD :

—————————— NOTES ——————————

WEBSITE / EMAIL :

USER NAME :

PASSWORD :

—————————— NOTES ——————————

password Log

WEBSITE / EMAIL :

USER NAME :

PASSWORD :

NOTES

WEBSITE / EMAIL :

USER NAME :

PASSWORD :

NOTES

WEBSITE / EMAIL :

USER NAME :

PASSWORD :

NOTES

password Log

WEBSITE / EMAIL :

USER NAME :

PASSWORD :

NOTES

WEBSITE / EMAIL :

USER NAME :

PASSWORD :

NOTES

WEBSITE / EMAIL :

USER NAME :

PASSWORD :

NOTES

Password Log

WEBSITE / EMAIL :

USER NAME :

PASSWORD :

NOTES

WEBSITE / EMAIL :

USER NAME :

PASSWORD :

NOTES

WEBSITE / EMAIL :

USER NAME :

PASSWORD :

NOTES

Password Log

WEBSITE / EMAIL :

USER NAME :

PASSWORD :

NOTES

WEBSITE / EMAIL :

USER NAME :

PASSWORD :

NOTES

WEBSITE / EMAIL :

USER NAME :

PASSWORD :

NOTES

Password Log

WEBSITE / EMAIL :

USER NAME :

PASSWORD :

NOTES

WEBSITE / EMAIL :

USER NAME :

PASSWORD :

NOTES

WEBSITE / EMAIL :

USER NAME :

PASSWORD :

NOTES

Password Log

WEBSITE / EMAIL :

USER NAME :

PASSWORD :

NOTES

WEBSITE / EMAIL :

USER NAME :

PASSWORD :

NOTES

WEBSITE / EMAIL :

USER NAME :

PASSWORD :

NOTES

Password Log

WEBSITE / EMAIL :

USER NAME :

PASSWORD :

NOTES

WEBSITE / EMAIL :

USER NAME :

PASSWORD :

NOTES

WEBSITE / EMAIL :

USER NAME :

PASSWORD :

NOTES

password Log

WEBSITE / EMAIL   :

USER NAME   :

PASSWORD   :

NOTES

WEBSITE / EMAIL   :

USER NAME   :

PASSWORD   :

NOTES

WEBSITE / EMAIL   :

USER NAME   :

PASSWORD   :

NOTES

password Log

WEBSITE / EMAIL :

USER NAME :

PASSWORD :

————————————— NOTES —————————————

WEBSITE / EMAIL :

USER NAME :

PASSWORD :

————————————— NOTES —————————————

WEBSITE / EMAIL :

USER NAME :

PASSWORD :

————————————— NOTES —————————————

Password Log

WEBSITE / EMAIL :

USER NAME :

PASSWORD :

NOTES

WEBSITE / EMAIL :

USER NAME :

PASSWORD :

NOTES

WEBSITE / EMAIL :

USER NAME :

PASSWORD :

NOTES

Password Log

WEBSITE / EMAIL :

USER NAME :

PASSWORD :

NOTES

WEBSITE / EMAIL :

USER NAME :

PASSWORD :

NOTES

WEBSITE / EMAIL :

USER NAME :

PASSWORD :

NOTES

password Log

WEBSITE / EMAIL :

USER NAME :

PASSWORD :

NOTES

WEBSITE / EMAIL :

USER NAME :

PASSWORD :

NOTES

WEBSITE / EMAIL :

USER NAME :

PASSWORD :

NOTES

password Log

WEBSITE / EMAIL :

USER NAME :

PASSWORD :

NOTES

WEBSITE / EMAIL :

USER NAME :

PASSWORD :

NOTES

WEBSITE / EMAIL :

USER NAME :

PASSWORD :

NOTES

Password Log

WEBSITE / EMAIL   :

USER NAME   :

PASSWORD   :

_____ NOTES _____

WEBSITE / EMAIL   :

USER NAME   :

PASSWORD   :

_____ NOTES _____

WEBSITE / EMAIL   :

USER NAME   :

PASSWORD   :

_____ NOTES _____

Password Log

WEBSITE / EMAIL :

USER NAME :

PASSWORD :

_____ NOTES _____

WEBSITE / EMAIL :

USER NAME :

PASSWORD :

_____ NOTES _____

WEBSITE / EMAIL :

USER NAME :

PASSWORD :

_____ NOTES _____

Password Log

WEBSITE / EMAIL :

USER NAME :

PASSWORD :

NOTES

WEBSITE / EMAIL :

USER NAME :

PASSWORD :

NOTES

WEBSITE / EMAIL :

USER NAME :

PASSWORD :

NOTES

password Log

WEBSITE / EMAIL :

USER NAME :

PASSWORD :

NOTES

WEBSITE / EMAIL :

USER NAME :

PASSWORD :

NOTES

WEBSITE / EMAIL :

USER NAME :

PASSWORD :

NOTES

Password Log

WEBSITE / EMAIL :

USER NAME :

PASSWORD :

NOTES

WEBSITE / EMAIL :

USER NAME :

PASSWORD :

NOTES

WEBSITE / EMAIL :

USER NAME :

PASSWORD :

NOTES

Password Log

WEBSITE / EMAIL :

USER NAME :

PASSWORD :

NOTES

WEBSITE / EMAIL :

USER NAME :

PASSWORD :

NOTES

WEBSITE / EMAIL :

USER NAME :

PASSWORD :

NOTES

Password Log

WEBSITE / EMAIL :

USER NAME :

PASSWORD :

NOTES

WEBSITE / EMAIL :

USER NAME :

PASSWORD :

NOTES

WEBSITE / EMAIL :

USER NAME :

PASSWORD :

NOTES

Password Log

WEBSITE / EMAIL :

USER NAME :

PASSWORD :

NOTES

WEBSITE / EMAIL :

USER NAME :

PASSWORD :

NOTES

WEBSITE / EMAIL :

USER NAME :

PASSWORD :

NOTES

password Log

WEBSITE / EMAIL :

USER NAME :

PASSWORD :

———————————— NOTES ————————————

WEBSITE / EMAIL :

USER NAME :

PASSWORD :

———————————— NOTES ————————————

WEBSITE / EMAIL :

USER NAME :

PASSWORD :

———————————— NOTES ————————————

Password Log

WEBSITE / EMAIL :

USER NAME :

PASSWORD :

—————————— NOTES ——————————

WEBSITE / EMAIL :

USER NAME :

PASSWORD :

—————————— NOTES ——————————

WEBSITE / EMAIL :

USER NAME :

PASSWORD :

—————————— NOTES ——————————

Password Log

WEBSITE / EMAIL :

USER NAME :

PASSWORD :

NOTES

WEBSITE / EMAIL :

USER NAME :

PASSWORD :

NOTES

WEBSITE / EMAIL :

USER NAME :

PASSWORD :

NOTES

Password Log

WEBSITE / EMAIL :

USER NAME :

PASSWORD :

NOTES

WEBSITE / EMAIL :

USER NAME :

PASSWORD :

NOTES

WEBSITE / EMAIL :

USER NAME :

PASSWORD :

NOTES

Password Log

WEBSITE / EMAIL :

USER NAME :

PASSWORD :

—————————— NOTES ——————————

WEBSITE / EMAIL :

USER NAME :

PASSWORD :

—————————— NOTES ——————————

WEBSITE / EMAIL :

USER NAME :

PASSWORD :

—————————— NOTES ——————————

Password Log

WEBSITE / EMAIL　:

USER NAME　　　:

PASSWORD　　　　:

--- NOTES ---

WEBSITE / EMAIL　:

USER NAME　　　:

PASSWORD　　　　:

--- NOTES ---

WEBSITE / EMAIL　:

USER NAME　　　:

PASSWORD　　　　:

--- NOTES ---

password Log

WEBSITE / EMAIL :

USER NAME :

PASSWORD :

—————————— NOTES ——————————

WEBSITE / EMAIL :

USER NAME :

PASSWORD :

—————————— NOTES ——————————

WEBSITE / EMAIL :

USER NAME :

PASSWORD :

—————————— NOTES ——————————

Password Log

WEBSITE / EMAIL :

USER NAME :

PASSWORD :

NOTES

WEBSITE / EMAIL :

USER NAME :

PASSWORD :

NOTES

WEBSITE / EMAIL :

USER NAME :

PASSWORD :

NOTES

Password Log

WEBSITE / EMAIL :

USER NAME :

PASSWORD :

NOTES

WEBSITE / EMAIL :

USER NAME :

PASSWORD :

NOTES

WEBSITE / EMAIL :

USER NAME :

PASSWORD :

NOTES

password Log

WEBSITE / EMAIL :

USER NAME :

PASSWORD :

NOTES

WEBSITE / EMAIL :

USER NAME :

PASSWORD :

NOTES

WEBSITE / EMAIL :

USER NAME :

PASSWORD :

NOTES

Password Log

WEBSITE / EMAIL :

USER NAME :

PASSWORD :

NOTES

WEBSITE / EMAIL :

USER NAME :

PASSWORD :

NOTES

WEBSITE / EMAIL :

USER NAME :

PASSWORD :

NOTES

password Log

WEBSITE / EMAIL :

USER NAME :

PASSWORD :

NOTES

WEBSITE / EMAIL :

USER NAME :

PASSWORD :

NOTES

WEBSITE / EMAIL :

USER NAME :

PASSWORD :

NOTES

Password Log

WEBSITE / EMAIL   :

USER NAME   :

PASSWORD   :

——————————————   NOTES   ——————————————

WEBSITE / EMAIL   :

USER NAME   :

PASSWORD   :

——————————————   NOTES   ——————————————

WEBSITE / EMAIL   :

USER NAME   :

PASSWORD   :

——————————————   NOTES   ——————————————

Password Log

WEBSITE / EMAIL :

USER NAME :

PASSWORD :

—————————————— NOTES ——————————————

WEBSITE / EMAIL :

USER NAME :

PASSWORD :

—————————————— NOTES ——————————————

WEBSITE / EMAIL :

USER NAME :

PASSWORD :

—————————————— NOTES ——————————————

Password Log

WEBSITE / EMAIL :

USER NAME :

PASSWORD :

NOTES

WEBSITE / EMAIL :

USER NAME :

PASSWORD :

NOTES

WEBSITE / EMAIL :

USER NAME :

PASSWORD :

NOTES

password Log

WEBSITE / EMAIL :

USER NAME :

PASSWORD :

NOTES

WEBSITE / EMAIL :

USER NAME :

PASSWORD :

NOTES

WEBSITE / EMAIL :

USER NAME :

PASSWORD :

NOTES

Password Log

WEBSITE / EMAIL :

USER NAME :

PASSWORD :

NOTES

WEBSITE / EMAIL :

USER NAME :

PASSWORD :

NOTES

WEBSITE / EMAIL :

USER NAME :

PASSWORD :

NOTES

password Log

WEBSITE / EMAIL :

USER NAME :

PASSWORD :

————————————— NOTES —————————————

WEBSITE / EMAIL :

USER NAME :

PASSWORD :

————————————— NOTES —————————————

WEBSITE / EMAIL :

USER NAME :

PASSWORD :

————————————— NOTES —————————————

password Log

WEBSITE / EMAIL :

USER NAME :

PASSWORD :

NOTES

WEBSITE / EMAIL :

USER NAME :

PASSWORD :

NOTES

WEBSITE / EMAIL :

USER NAME :

PASSWORD :

NOTES

password Log

WEBSITE / EMAIL :

USER NAME :

PASSWORD :

———————————— NOTES ————————————

WEBSITE / EMAIL :

USER NAME :

PASSWORD :

———————————— NOTES ————————————

WEBSITE / EMAIL :

USER NAME :

PASSWORD :

———————————— NOTES ————————————

password Log

WEBSITE / EMAIL   :

USER NAME   :

PASSWORD   :

NOTES

WEBSITE / EMAIL   :

USER NAME   :

PASSWORD   :

NOTES

WEBSITE / EMAIL   :

USER NAME   :

PASSWORD   :

NOTES

Password Log

WEBSITE / EMAIL :

USER NAME :

PASSWORD :

NOTES

WEBSITE / EMAIL :

USER NAME :

PASSWORD :

NOTES

WEBSITE / EMAIL :

USER NAME :

PASSWORD :

NOTES

password Log

WEBSITE / EMAIL :

USER NAME :

PASSWORD :

NOTES

WEBSITE / EMAIL :

USER NAME :

PASSWORD :

NOTES

WEBSITE / EMAIL :

USER NAME :

PASSWORD :

NOTES

USEFUL INTERNET & COMPUTER INFORMATION

INTERNET SERVICE PROVIDER NAME:

ACCOUNT NUMBER:

TECH SUPPORT:

CUSTOMER SERVICE:

NOTE:

ROUTER/WIRELESS ACCESS POINT

MODEL NUMBER:

SERIAL NUMBER:

OUTGOING SERVER:

DEFAULT USERNAME:

DEFAULT PASSWORD:

USER DEFAINED RL/IP ADDRESS:

USER DEFAINED USERNAME:

USER DEFAINED PASSWORD

NOTE:

DOMAIN INFORMATION

DOMAIN NAME:

HOST ADDRESS:

USERNAME:

PASSWORD:

TECH SUPPORT:

CUSTOMER SERVICE:

NOTE:

EMAIL PERSONAL

MAIL SERVER TYPE:

INCOMING SERVER:

OUTGOING SERVER:

USERNAME:

PASSWORD:

Century

MAIL SERVER TYPE:

INCOMING SERVER:

OUTGOING SERVER:

USERNAME:

PASSWORD:

Notes

Notes

Notes

Notes

_____

_____

_____

_____

_____

_____

_____

_____

_____

_____

_____

_____

_____

_____

_____

_____

_____

_____

Notes

Notes

www.ingramcontent.com/pod-product-compliance
Lightning Source LLC
Chambersburg PA
CBHW070838070326
40690CB00009B/1599